Eileen Wessel

Datenschutz und LFD

GRIN Verlag

Bibliografische Information der Deutschen Nationalbibliothek:

Die Deutsche Bibliothek verzeichnet diese Publikation in der Deutschen National-
bibliografie; detaillierte bibliografische Daten sind im Internet über http://dnb.d-
nb.de/ abrufbar.

Dieses Werk sowie alle darin enthaltenen einzelnen Beiträge und Abbildungen
sind urheberrechtlich geschützt. Jede Verwertung, die nicht ausdrücklich vom
Urheberrechtsschutz zugelassen ist, bedarf der vorherigen Zustimmung des Verla-
ges. Das gilt insbesondere für Vervielfältigungen, Bearbeitungen, Übersetzungen,
Mikroverfilmungen, Auswertungen durch Datenbanken und für die Einspeicherung
und Verarbeitung in elektronische Systeme. Alle Rechte, auch die des auszugsweisen
Nachdrucks, der fotomechanischen Wiedergabe (einschließlich Mikrokopie) sowie
der Auswertung durch Datenbanken oder ähnliche Einrichtungen, vorbehalten.

Impressum:

Copyright © 2007 GRIN Verlag GmbH
Druck und Bindung: Books on Demand GmbH, Norderstedt Germany
ISBN: 978-3-640-66769-7

Dieses Buch bei GRIN:

http://www.grin.com/de/e-book/71048/datenschutz-und-lfd

GRIN - Your knowledge has value

Der GRIN Verlag publiziert seit 1998 wissenschaftliche Arbeiten von Studenten, Hochschullehrern und anderen Akademikern als eBook und gedrucktes Buch. Die Verlagswebsite www.grin.com ist die ideale Plattform zur Veröffentlichung von Hausarbeiten, Abschlussarbeiten, wissenschaftlichen Aufsätzen, Dissertationen und Fachbüchern.

Besuchen Sie uns im Internet:

http://www.grin.com/

http://www.facebook.com/grincom

http://www.twitter.com/grin_com

Hochschule Bremen

ISGM 1

Wirtschaftsinformatik

Eileen Wessel

Wintersemester 2006/2007

Referat

„Datenschutz und LFD"

A Gliederung

1. Einleitung

Gegenstand dieser Ausarbeitung ist das Thema „Datenschutz und LfD".
Es wird darin auf die Entstehung des Datenschutzes, sowie auf die
Datenschutzprinzipien und deren rechtlichen Aspekte eingegangen.
Außerdem wird die Datenerfassung und deren Verarbeitung
beschrieben. Anschließend werden die Befugnis- und Aufgabenbereiche
des Landesbeauftragten für Datenschutz genauer erläutert.

Bereits 1948 beschrieb George Orwell in seinem Roman "1984" einen
totalitären Staat, der seine Bürger komplett überwachte. Diese
utopische Vorstellung wäre ohne das heutige Datenschutzgesetz
vielleicht harte Realität geworden.

2. Definition von Datenschutz

Datenschutz im Sinne des Bundesdatenschutzgesetzes, das die
rechtliche Grundlage für den Datenschutz bildet, soll den Einzelnen
davor schützen, dass er durch den Umgang mit seinen Daten in seinem
Persönlichkeitsrecht beeinträchtigt wird. Hierbei geht es nicht nur um
die Daten, die geradewegs zu einer Person gespeichert werden
(personenbezogene Daten), sondern auch um die Daten, die aus einem
anonymisierten Datenbestand (z.B. statistische Daten) durch geschickte
Auswertung in Bezug auf einer bestimmten Person erforscht werden
können (personenbeziehbare Daten).[1]

---

[1] Prof. Dr. Volker Claus und Prof. Dr. Andreas Schwill „Informatik A-Z" S.174 Dudenverlag Mannheim
2006

3. Geschichte und Entstehung von Datenschutz

Der Begriff Datenschutz hat im 20.Jahrhundert seine Wurzeln gelegt und bedeutet in seinem Ursprung Schutz personenbezogener Daten vor Missbrauch. Zu Beginn des 20. Jahrhunderts hatte Datenschutz eine elementare Bedeutung, und zwar Schutz *der* Daten, Schutz *vor* Daten oder auch Schutz vor *Verdatung*. Das erste Datenschutzgesetz trat 1974 in Kraft.[2]

In der heutigen Zeit bedeutet Datenschutz den einzelnen Bürger in seinem Persönlichkeitsrecht gegen Missbrauch im Umgang mit seinen persönlichen Daten zu schützen. Jeder Mensch sollte selbst das Recht haben zu entscheiden, wer wann welche seiner persönlichen Daten benutzen darf.

Um versuchten Missbrauch von wichtigen Informationen zu verhindern, hat unter anderem den Gesetzgeber dazu bewogen, den Umgang mit personenbezogenen Daten zu regeln. Die Problematik, die dabei entstand, ist, dass eine Vielzahl von Gesetzen dabei zu beachten sind.

Das neu geschaffene Bundesdatenschutzgesetz (BDSG), das am 1. Januar 1978 in Kraft trat, soll solche Delikte von Informationsmissbrauchen auffangen und gegebenenfalls die daraus resultierende Bestrafung verabschieden.

---

[2] http://de.wikipedia.org/wiki/Datenschutz

3. Bedeutung von Datenschutz

Durch stetige Erweiterung der Technik (wie z.B. Internet, E-Mail, Videoüberwachung etc.) und Erhöhung staatlicher Informationsbedürfnisse gewinnt Datenschutz immer mehr an Bedeutung, weil personenbezogene Informationen beispielsweise den Sicherheitsbehörden zur verbesserten Verbrechensbekämpfung durch Telekommunikationsüberwachung oder das Interesse der Finanzbehörden an Banktransaktionen um Steuerdelikte aufzudecken dienen zu können. Solche Informationen sind nicht nur im Interesse des Staates sondern auch der privaten Unternehmen, weil sie sich beispielsweise durch Kreditinstitute wie die Schufa oder Kreditreform Auskünfte über Zahlungsfähigkeit bzw. -unfähigkeit ihrer Kunden besorgen können.

Datenschutz betrifft in der Regel zwei Parteien; auf der einen Seite steht diejenige Stelle, die von personenbezogenen Daten Gebrauch machen will und auf der anderen Seite steht der Endverbraucher oder mit anderen Worten die Bevölkerung. Im Gegensatz zum Staat oder Unternehmen ist die Bedeutung von Datenschutz in den Augen der Bevölkerung gleichgültig bzw. unwichtig.

Daten und Informationen sind immaterielle Werte, die sehr schwer zu schützen sind, weil die Gesellschaft nur wenig Unrechtsbewusstsein im Bezug auf nicht *greifbares* besitzt.

So sehr die Vorteile der globalen Vernetzung der Computer durch das Internet überwiegen mögen, so groß ist aber auch die Möglichkeit des Missbrauchs von Daten und Informationen.[3]

---

[3] Michael Mayer Klaus Peter Junk „Active Datamanagement" S.31 VDE Verlag GmbH Berlin-Offenbach 2003

Aber obwohl die weltweite Vernetzung die Gefahr stetig zunehmen lässt, wird der unberechtigte Umgang mit personenbezogenen Daten weniger von außen und vielmehr von eigenen Mitarbeitern eines Unternehmens verursacht. Unkenntnis und sorgloser Umgang mit personenbezogenen Daten sind die zwei Hauptursachen, bei Rechtsverletzung.

Deshalb müssen Datenschützer sich mit den fundamentalen Fragen von Datensicherheit auseinandersetzen, wenn Datenschutz wirksam sein soll.

4. Datenschutzprinzipien/Rechtliche Aspekte

Eines der wichtigsten Grundsätze der Datenschutzgesetzte ist das Verbotsprinzip mit Erlaubnisvorbehalt. Das heißt, das die Erfassung, Bearbeitung und Nutzung der personenbezogenen Daten eigentlich nicht erlaubt ist, es sei denn das Gesetz gestattet in diesem Falle die Datenverarbeitung oder der Betroffene gestattet es ausdrücklich.

4.1 Datenschutzprinzipien[4]

• Selbstbestimmung der Informationen: Der Betroffene muss darüber in Kenntnis gesetzt werde, dass seine Daten gemessen werden und damit einverstanden sein. Außerdem kann der Betroffene seine Daten widerrufen, berichtigen und löschen.

• Transparenz: Der Betroffene muss nachvollziehen können, wie der Verlauf und die Verarbeitung seiner Daten ist.

• Prinzip der Zweckbindung: Die Daten dürfen nur für den eindeutig dargelegten und rechtmäßigen Zweck verwendet werden.

• Prinzip der Datensparsamkeit, bzw. Minimalitätsprinzip: Nur Daten für den eindeutig dargelegten und rechtmäßigen Zweck dürfen verwendet werden und keine weiteren sonst. Diese Daten (die, die Identifikation einer Person ermöglichen) dürfen nicht länger einbehalten werden als nötig.

• Prinzip der Verhältnismäßigkeit: Daten dürfen nur dann eingefordert werden, wenn es für den angegebenen Zweck notwendig ist.

---

[4] http://www.bpb.de/wissen/00045442385090152844398300995233,3,0,Datenschutz.ht...,
http://www.staff.uni-mainz.de/pommeren/DSVorlesung/Prinzipien2.html

- Prinzip der Integrität: Die Daten müssen richtig sein und wenn nötig, auf dem neuesten Stand.

- Prinzip der Gesetzmäßigkeit: Die Daten dürfen nur dann verarbeitet werden, wenn eine gesetzliche Basis vorhanden ist.

4.2 Die Rechte des Betroffenen

Jeder Betroffene hat ein Auskunftsrecht (BDSG § 34)[5], welches besagt, dass jeder Mensch, ein Recht hat, zu wissen, wer, wann und was und über ihn weiß. Der Auskunftsanspruch sollte immer schriftlich eingefordert werden und an die Geschäftsstelle des Unternehmens adressiert sein. Nur in bestimmten Sonderfällen kann das Unternehmen die Auskunft vorenthalten.

Auch sind im BDSG die Rechte auf Berichtigung, Löschung, Sperrung und Widerrufung fest verankert und haben einen zwingenden Charakter. Auch hat der Betroffene ein Recht auf Benachrichtigung, sollte er noch nicht von der Speicherung seiner Daten wissen. Das Problem dabei ist jedoch, dass es sehr viele Ausnahmeregelungen zum Benachrichtigungs- gesetz gibt, so dass es für den Betroffenen schwierig sein kann, bei so vielen „Schlupflöchern" den Überblick zu behalten.[6]

---

[5] ULD Schleswig- Holstein/ vzbv e.V.(Hrsg.), Datenschutz für Verbraucher, S. 51-53
[6] Marie- Theres Tinnefelder/ Eugen Ehmann/ Rainer W. Gerling, Einführung in das Datenschutzrecht, 4. Auflage, München/ Wien 2005, S. 410, 413-417

5. Datenerfassung und Verarbeitung

Unerwünschte Werbung im Briefkasten und Spammails auf dem Email Account. Täglich werden wir mit Werbung und anderen Dingen konfrontiert, die wir nicht brauchen oder wollen.

"Woher haben die bloß meine Adresse" oder "Woher wissen die wie ich heiße und wie alt ich bin", sind die 2 der meistgestellten Fragen der von Werbung erschlagenen Verbraucher.

Der Klassiker um an Daten von potenziellen Kunden zu gelangen ist das Preisausschreiben. Eine einfache Frage wird beantwortet und damit man auch bei einem möglichen Gewinn benachrichtigt werden kann, gibt man natürlich seine Adresse und den Vor- und Nachnamen an und schickt Postkarte oder Brief an den Gewinnspielbetreiber zurück.

Dank des Internet ist es noch einfacher an personenbezogene Daten zu gelangen. So werben schon sogenannte Pop-Up´s für tolle Preise und Gewinne. Im Internet wimmelt es von Gewinnspielen und nicht selten darf beim ausfüllen des Benachrichtigungsbogens kein Feld frei bleiben. So gelangt man schnell an Daten wie: Telefonnummer, Geburtsdatum oder berufliche Tätigkeit, die mit dem Gewinnspiel selbst gar nichts mehr zu tun haben.

Die Anbieter dieser Gewinnspiele sichern sich meist durch Ihre Allgemeinen Geschäftsbedingungen (AGB) ab. Der Verbraucherschutz rät jedem Verbraucher diese AGB´s sorgfältig zu lesen. Vor allem die Datenschutzklausel ist wichtig und besonders zu beachten. Nicht selten wird dort bekannt gegeben, das die Daten auch zu Werbezwecken weitergegeben werden können.

Das lesen dieser AGB´s ist besonders lästig, da sie sehr langatmig geschrieben sind und kein Ende zu scheinen haben. Daher werden sie oft nicht gelesen.

Sollte im Einzelfall eine Datenschutzklausel sogar unzulässig sein, so sind die Daten jedoch schon erhoben und höchstwahrscheinlich auch schon an Dritte weitergeleitet worden.[7]

Wir werden in einigen Beispielen aufzeigen, wie Daten für Werbezwecke erlangt und verarbeitet werden. Zum Ersten anhand eines selbsterstellten Fragebogens, dann die Internetfirma Amazon.de und zu guter letzt das Studentenportal StudiVZ.

Beispiel zur Erfassung von Daten:

Wir haben einen Fragebogen entworfen, in dem unsere Mitstudenten gebeten werden, fünf Fragen zu beantworten um an der Entwicklung eines Studententreffs teilzuhaben. Um die Abgabe der Daten für die Personen interessanter zu machen, werden die Daten in Form eines Gewinnspiels erfragt. Wir geben in dem Fragebogen bewusst keine Datenschutzklausel an, da wir die Daten auch zu Werbezwecken gebrauchen möchten und somit auch an Dritte weitergeben würden.[8]

Durch die erlangten Daten, ist es möglich die Studenten mit verschiedenen Werbemails oder Werbeflyern auf Produkte aufmerksam zu machen.

So ist anhand der ersten Frage die Möglichkeit gegeben, die Werbung für neu erschienene CD´s nur an die richtige Zielgruppe weiterzugeben.

Beispiel: der Befragte X mag Rockmusik und der Befragte Y Techno. Der Befragte X würde keine Werbung für CD´s der Musikrichtung Techno oder Hip Hop erhalten und der Befragte Y keine CD´s der Richtung Rock oder Metal

---

[7] http://www.vis.bayern.de/recht/werbung/datensammler.htm

[8] Siehe Fragebogen im Anhang

Dies wird zum Beispiel im Internet anhand durch Erfassung der IP-Adresse[9] und dem dann aufgezeichneten Internet-Verhalten des Benutzers ähnlich gemacht. Amazon benutzt unsere letzten Käufe und Anfragen bestimmter Produkte sowie das Kaufverhalten anderer Kunden, die Produkte unseres Interesses gekauft haben, um uns Angebote zu unterbreiten.

Die unter Studenten bekannte Internetpräsenz StudiVZ hat in den letzten Monaten die Investoren und Internet-Gemeinde fasziniert. Da in den Vorschriften dieser Internetseite Wahrheitspflicht vorausgesetzt wird und bei Zuwiderhandlungen nach § 6 der Geschäftsbedingungen hohe Strafen drohen, lohnt sich ein Blick auf die Leute, die hinter StudiVZ und deren Erfindern stehen .

StudiVZ wird mitfinanziert von Venture-Capital-Arm und den Gebrüdern Samwer. VCA gehört zum Holtzbrinck Verlag (Die Zeit, Handelsblatt) und die Brüder Samwer haben Millionen mit der Klingeltonfirma Jamba gemacht.[10]

Durch die Transparenzbedingungen der StudiVZ Seite, erfreuen sich die Mitfinanzierer einer stetig wachsenden Werbeadressen Plattform.

Anhand dieser Beispiele kann man erkennen, was Firmen mit unseren Daten anfangen können und wie sie verwendet werden.

Was ist wenn Daten durch die Veränderung einer Situation einen ganz neuen Wert erlangen?

Die AOK erlaubt es jeder Zweigstelle alle Versichertendaten ohne Ausnahme einzusehen und somit kann jeder Mitarbeiter an hochsensible Sozialdaten gelangen (Jahreseinkommen, Krankheitsbild)[11]

---

[9] Die Internet-Protokoll-Adresse (IP-Adresse) ist die eindeutige Adresse eines Computers im Internet

[10] http://www.spiegel.de/netzwelt/web/0,1518,448340,00.html

[11] http://www.datenschutzzentrum.de/medizin/gkv/index.htm

Die gesetzlichen Krankenkassen wissen alles über uns und unterstehen der Bundesrepublik Deutschland. Sie handeln nicht Gewinnorientiert sondern versuchen Ihre Ausgaben zu decken.[12]

Sollte nun eine Privatisierung der Krankenkassen wie sie von der FDP gefordert wird vollzogen werden, so wären die Krankenkassen nicht mehr Deckungsorientiert sondern

Gewinnorientiert. Das würde bedeuten das die Sozialdaten auch als neue Einnahmemöglichkeit gesehen werden könnte. Denn welche Firma hätte nicht gerne Daten über das Jahreseinkommen seiner Kunden. Der Gesundheitliche Zustand und die Krankheitstage der letzten Jahre über einen Bewerber könnte sich ein Betrieb vor dem Bewerbungsgespräch anfordern.

Nun mag man sich fragen, wie es sein kann, das man trotz Datenschutzgesetzen, so wenig gegen den Missbrauch von Daten tun kann?

Wie in vielen anderen Bereichen ist auch der Datenschutzbereich Ländersache. Zwar hat jedes Bundesland einen Landesschutzbeauftragten der die Verwaltung und öffentlichen Behörden kontrolliert, ob die Datenschutzgesetze auch eingehalten werden.

Jedoch ist die Kontrolle bei Privatunternehmen die wesentlich mehr Daten sammeln als der Staat selbst von Bundesland zu Bundesland anders geregelt. In den meisten Bundesländern übernehmen diese Kontrollaufgabe die Behörden.

Doch genau darin liegt ein Interessenkonflikt. So ist es im Interesse von Polizei und Ermittlungsbehörden einige Daten (Internetverhalten,

---

[12] Sozialgesetzbuch V§4 Abs.1 (Stand 07.01.2007)

Telefonate) möglichst lange zu speichern, damit man bei Bedarf immer wieder drauf zurückgreifen kann.[13]

Diese Art der Kontrolle wird von der EU scharf kritisiert und soll binnen der nächsten 2 Monate (Stand Dezember 2006), abgeändert werden. So kann man sagen, das dass Bundesland Bremen den Datenschutz entgegen der Vorstellung der Europäischen Union ausübt.

5.1 Sensible Daten

Sensible Daten sind Daten, die z.B. die ethnische oder rassische Herkunft, religiöse Ansichten, politische Meinungen, philosophische Überzeugungen, den Gesundheitszustand oder auch das Sexualleben ersichtlich machen. Solche Daten dürfen grundsätzlich nicht verwendet werden. Bei ganz speziellen Ausnahmen (z.B. Verarbeitungen von Daten, die das Arbeitsrecht vorschreibt) ist es jedoch erlaubt, wenn der Betroffene in die Verwendung dieser Daten zustimmt.[14]

---

[13]http://www.spiegel.de/netzwelt/web/0,1518,456201,00.html

[14] http://ec.europa.eu/justice_home/fsj/privacy/guide/index_de.htm

6. Landesbeauftragter für Datenschutz (LfD)

6.1 Definition

Der LfD (Landesbeauftragte für Datenschutz) eines deutschen Bundeslandes ist der oberste Datenschutzbeauftragte. In Bremen ist derzeit (seit 2000) Sven Holzt dafür zuständig. Er befasst sich mit der Kontrolle und den Regelungen des Landesdatenschutzgesetzes.

Der Landesbeauftragte für Datenschutz wird von der Bremischen Bürgerschaft mit einer Amtszeit von 8 Jahren gewählt und während seiner Amtsausübung von Verwaltungsfachleuten, Juristen und Informatikern unterstützt[15].

6.2 Aufgabenbereiche des Bremer Datenschutzbeauftragten

Der Bremer Datenschutzbeauftragte berät und überwacht die öffentlichen Stellen des Landes in Fragen Datenschutzes und dessen Einhaltung. Er ist im Rahmen seiner Aufgabenerfüllung weisungsfrei und unabhängig[16].
In den jeweiligen Datenschutzgesetzen sind jedoch die Rechtsstellung und die Befugnisse des LFD geregelt.

Bei den öffentlichen Stellen kann er Auskunft zu Fragen sowie Einsicht in Unterlagen, Akten, namentlich gespeicherten Daten sowie Einsicht in

---

[15] http://www.datenschutz-bremen.de/brdsg_p24.php
[16] http://de.wikipedia.org/wiki/Landesbeauftragter_f%C3%BCr_den_Datenschutz

Datenverarbeitungsprogramme und deren Programmunterlagen verlangen, die im Zusammenhang mit der Verarbeitung personenbezogener Daten stehen (bei Gerichten und dem Rechnungshof nur in Verwaltungsangelegenheiten)[17].

Außerdem kann er nach festgelegten Vorgaben strukturierte Auswertungen aus automatisierten Informationssystemen verlangen, soweit dies bei den jeweiligen Stellen technisch möglich ist und bei den genannten Stellen jederzeit unangemeldet ihre Geschäfts- und Diensträume betreten.

Stellt er einen Verstoß gegen datenschutzrechtliche Bestimmungen oder sonstige Mängel bei der Verarbeitung und Nutzung personenbezogener Daten fest, so kann er dies gegenüber den oberen Leitungsebenen weitergeben und sie zur Stellungnahme innerhalb einer bestimmten Frist auffordern, denn ihm stehen in seinem Amt Unterrichtungs- und Beratungsrechte zu.

Die Stellungnahme von der Regierung und der Tätigkeitsbericht vom Datenschutzbeauftragten werden wiederum vom Parlament zur weiteren Behandlung an die Ausschüsse verwiesen.

Dieser fertigt daraufhin einen Bericht an das Parlament an und führt vor der Beschlussfassung eine parlamentarische Debatte[18].

Darüber hinaus ist der Bremer Datenschutzbeauftragte auch ebenso für den nicht öffentlichen Bereich zuständig, denn dieser Aufgabenbereich fällt nur den Landesbeauftragten in Stadtstaaten zu. Bei den anderen Bundesländern ist eine Datenschutzaufsichtsbehörde bei den Innenministerien dafür eingerichtet[19].

---

[17] http://www.datenschutz-bremen.de/brdsg_p27.php
[18] Vgl. Andreas Fisahn „Bremer Recht" S. 194; Sachbuchverlag Kellner; Bremen, Boston 2002
[19] http://de.wikipedia.org/wiki/Landesbeauftragter_f%C3%BCr_den_Datenschutz

In diesem Bereich hilft er den privaten Stellen bei der Wahrnehmung ihrer Rechte, wie die auf Auskunft, Benachrichtigung, Sperrung, Löschung und Unterrichtung. Er wirkt darauf hin, dass die technischen und organisatorischen Maßnahmen getroffen werden, die Ausführungen der Vorschriften über den Datenschutz zu gewährleisten[20].

Er berät sie bei Fragen zum Thema Datenschutz, kontrolliert die Verwaltung des Landes sowie der Stadtgemeinden Bremen und Bremerhaven nach dem Bremischen Datenschutzgesetz (in diesem Rahmen unterstehen die Landesbeauftragten der Rechtsaufsicht der jeweiligen Landesregierung) und die Firmen sowie andere private Stellen deren Sitz in Bremen ist, nach dem Bundesdatenschutzgesetz.

Allgemein muss ein Datenschutzbeauftragter bestellt werden, wenn personenbezogene Daten automatisiert verarbeitet werden und in der Regel mindestens vier Arbeitnehmer beschäftigt sind. Ebenso gilt dies, wenn personenbezogene Daten auf andere Weise verarbeitet werden (Einsortieren von Bankauszügen usw.) und damit in der Regel mindestens zwanzig Arbeitnehmer ständig beschäftigt sind[21].

Der Landesbeauftragte für Datenschutz nimmt außerdem Stellung zu dem Einsatz neuer Informationstechniken zum Datenschutz. Deshalb muss er über die Planungen und den Aufbau automatisierter Informationssysteme und deren wesentlichen Änderungen informiert werden, sofern darin personenbezogene Daten verarbeitet werden sollen. Auch bei Entwürfen für Rechts- und Verwaltungsvorschriften, die die Verarbeitung von personenbezogenen Daten regeln, ist er zu unterrichten[22].

---

[20] Vgl. Andreas Fisahn „Bremer Recht" S. 192 ; Sachbuchverlag Kellner; Bremen, Boston 2002
[21] Vgl. Andreas Fisahn „Bremer Recht" S. 196 ; Sachbuchverlag Kellner; Bremen, Boston 2002
[22] http://www.datenschutz-bremen.de/brdsg_p27.php

6.3 Gliederung des Bremischen Datenschutzgesetzes [23]

<u>Abschnitt 1</u>
§ 1-9   Allgemeine Vorschriften
<u>Abschnitt 2</u>
§ 10-20b   Rechtsgrundlagen der Datenverarbeitung
<u>Abschnitt 3</u>
§ 21-23   Rechte des Betroffenen
<u>Abschnitt 4</u>
§ 24-35   Überwachung des Datenschutzes
<u>Abschnitt 5</u>
§ 36   Sonderbestimmung für Radio Bremen
<u>Abschnitt 6</u>
§ 37-39   Straf und Bußgeldvorschriften

---

[23] Datenschutz in der Freien Hansestadt Bremen: Gesetze, Informationen, Der Landesbeauftragte für den Datenschutz der Freien Hansestadt Bremen (Hrsg.), 1. Auflage, Bremen 1999

7. Fazit

Durch die wachsenden Datenbanken von Unternehmen und staatlichen Einrichtungen, den stets größeren Speicherkapazitäten und schnelleren Verarbeitungsmöglichkeiten, wird der Datenschutz immer mehr massiv gefährdet, da sich immer mehr Möglichkeiten bieten die gespeicherten Daten von Personen für unternehmerische Zwecke zu Missbrauchen.

Wie auch unsere Befragung zeigt, ist somit jeder von uns selbst für seinen persönlichen Datenschutz mit verantwortlich und muss sich, wenn er nicht ,,ausspioniert" werden will, versuchen selbst zu schützen in dem er unnötige Angaben an Dritte zur eigenen Person unterlässt.

Denn wozu sollte man beispielsweise bei Gewinnspielen das Geburtsdatum angeben? Es gibt mehrere Möglichkeiten zum anonymen Surfen, z.B. bei Google der „tor-sever", der verhindert, dass der Kommunikationsweg mitgeschnitten wird.[24]

Außerdem kann man seine E- Mails mit z.B. „Secret Mail" verschlüsseln.[25]

Viele Behörden und Verbände bieten auch auf ihren Homepages solche Verschlüsselungsprogramme an. Hier einige Beispiele:

http://www.datenschutzzentrum.de/selbstdatenschutz/
http://www.bsi-fuer-buerger.de/toolbox.html
http://www.journalismnet.com/spy/tools.html

---

[24] Datenschutznachrichten Nr. 2/2006, S.79-80, http://tor.eff.org/index.html
[25] http://www.datenschutzzentrum.de/selbstdatenschutz/

B Literaturverzeichnis

1. Prof. Dr. Volker Claus und Prof. Dr. Andreas Schwill „Informatik A-Z" S.174 Dudenverlag Mannheim 2006

2. Michael Mayer Klaus Peter Junk „Active Datamanagement" S.31 VDE Verlag GmbH Berlin-Offenbach 2003

3. Marie- Theres Tinnefelder/ Eugen Ehmann/ Rainer W. Gerling, Einführung in das Datenschutzrecht, 4. Auflage, München/ Wien 2005, S. 410, 413-417

4. ULD Schleswig- Holstein/ vzbv e.V.(Hrsg.), Datenschutz für Verbraucher, S. 51-53

5. Sozialgesetzbuch V§4 Abs.1 (Stand 07.01.2007)

6. Vgl. Andreas Fisahn „Bremer Recht" S. 194; Sachbuchverlag Kellner; Bremen, Boston 2002

7. Vgl. Andreas Fisahn „Bremer Recht" S. 192 ; Sachbuchverlag Kellner; Bremen, Boston 2002

8. Vgl. Andreas Fisahn „Bremer Recht" S. 196 ; Sachbuchverlag Kellner; Bremen, Boston 2002

9. Datenschutz in der Freien Hansestadt Bremen: Gesetze, Informationen, Der Landesbeauftragte für den Datenschutz der Freien Hansestadt Bremen (Hrsg.), 1. Auflage, Bremen 1999

10.   Datenschutznachrichten Nr. 2/2006, S.79-80,

C Netzwerkverzeichnis

1. http://de.wikipedia.org/wiki/Datenschutz

2. http://www.bpb.de/wissen/000454423850901528443983009952 3,3,0,Datenschutz.ht...,

3. http://www.staff.uni-mainz.de/pommeren/DSVorlesung/Prinzipien2.html

4. http://www.vis.bayern.de/recht/werbung/datensammler.htm

5. http://www.spiegel.de/netzwelt/web/0,1518,448340,00.html

6. http://www.datenschutzzentrum.de/medizin/gkv/index.htm

7. http://www.spiegel.de/netzwelt/web/0,1518,456201,00.html

8. http://ec.europa.eu/justice_home/fsj/privacy/guide/index_de.htm

9. http://www.datenschutz-bremen.de/brdsg_p24.php

10. http://de.wikipedia.org/wiki/Landesbeauftragter_f%C3%BCr_den_Datenschutz

11. http://www.datenschutz-bremen.de/brdsg_p27.php

12. http://de.wikipedia.org/wiki/Landesbeauftragter_f%C3%BCr_den_Datenschutz

13. http://www.datenschutz-bremen.de/brdsg_p27.php

14. http://tor.eff.org/index.html

15. http://www.datenschutzzentrum.de/selbstdatenschutz/

D Anhang

Liebe Studenten/innen,

Die Stadt Bremen und der Asta Bremen planen die Erschaffung einer Einrichtung für Studenten im Stadtteil Neustadt.

Um allerdings nicht am Bedarf vorbei zu planen, benötigen wir Deine Hilfe. Bitte fülle den vorliegenden Fragebogen aus und gebe ihn an uns zurück. Damit Deine Mühe nicht umsonst ist, hat sich die Stadt Bremen verschiedene Preise überlegt, die einige Glückliche gewinnen können. Dazu musst Du nur den Fragebogen ausfüllen!

Also viel Glück und viel Spaß im neuen Studententreff!

Frage 1:

Du kannst einen CD-Gutschein für deine Lieblings-Musikrichtung im Wert von 50€ gewinnen.

Welche Musikrichtung bevorzugst du?

Rock	O	Metal	O
Pop	O	Soul	O
Hip Hop	O	Techno/House	O

Bitte nur eine Musikrichtung angeben!!

Frage 2:

Du kannst Sportkleidung im Wert von 200 Euro gewinnen.

Gib dafür deine Maße an:

Körpergröße: Gewicht:

Konfektionsgröße: Schuhgröße:

Frage 3:

Du kannst eine DVD aus deinem Lieblingsgenre gewinnen. Wert: 30€

Action   O   Komödie O   Horror   O

Thriller   O   Liebesfilme O   Fantasy   O

Bitte nur ein Genre wählen!!

Frage 4:

Du kannst ein Jahresabo einer der folgenden Zeitschriften gewinnen:

Wissenschaft   O   Computer   O

Mode   O   Sport   O

Kultur   O   Wirtschaft   O

Bitte nur eine Zeitschriftenart angeben!!

Zum Schluss benötigen wir noch Deine Adresse damit wir dich bei einem möglichen Gewinn benachrichtigen können.

Name: Vorname:

Straße/Hausnummer: PLZ/Ort:

Geburtsdatum: E-mail:

Tel: Mobil: